DU

PRINCIPE CONSTITUTIF

DU

GOUVERNEMENT FRANÇAIS.

DU

Principe Constitutif

DU

GOUVERNEMENT FRANÇAIS,

ET

DE SES CONSÉQUENCES

RATIONNELLES, POLITIQUES ET SOCIALES.

PAR

L.-F. LESTRADE.

Lo spirito publico, padrone dei principi
generali, vede fatti, e li condensa nelle
classi principali ed importanti, al bene
d'ella maggior parte.

(CESARE BECCARIA).

PARIS,

IMPRIMERIE DE SELLIGUE,
RUE DES JEUNEURS, N. 14.

1830.

DU

PRINCIPE CONSTITUTIF

DU

GOUVERNEMENT FRANÇAIS.

Sans remonter aux causes de la dernière révolution, je m'attache au fait politique qu'elle a produit, pour apprécier ses résultats à venir, et déterminer la marche propre à faciliter ses développemens.

Le fait accompli par les événemens de juillet, c'est l'introduction de la liberté, comme principe et comme moyen, dans notre régime social, administratif et politique.

Conquis par la force, adopté par l'opinion, embrassé comme une espérance, et réclamé comme un droit, ce principe n'admet, ni exception dans ses conséquences, ni retard dans son application.

Dégagé de toute abstraction théorique, il a pris corps dans la nation, il a pénétré les masses, il a fait alliance avec tous les intérêts. Ses influences dominent les esprits ; le temps est venu de les faire passer dans les institutions ; c'est la tâche, c'est le devoir du ministère.

L'œuvre est grande, belle, périlleuse.

Rien n'est plus facile, et si l'on est adroit, rien n'est moins dangereux que de gouverner avec des systèmes. Faits de main d'homme, les systèmes se prêtent à tout. Par leur souplesse habilement employée, on peut faire durer un état pendant des siècles, et lui conserver les mêmes formes.

Les principes ne dépendent pas des hommes, ils tiennent à la nature des choses ; ils sont intraitables. Avec eux point de biais, point de finasserie possibles. Ils ne se prêtent à aucune concession. Malheur aux gouvernemens, malheur aux ministres qui rompent le pacte fait avec eux : les hommes s'y brisent, l'état y périt.

C'est donc ici, pour le gouvernement français, une question de vie ou de mort, selon qu'il ira droit, ou qu'il obliquera dans la route que lui trace le principe de liberté publique, sur lequel pivote notre établissement constitutionnel.

Pour connaître ce que vaut ce principe, pour savoir ce qu'il exige de nous, je vais, sans exagération et sans faiblesse, le pousser rationnellement jusqu'à ses dernières conséquences.

A mesure qu'elles arriveront à chacune des branches de notre organisation administrative, militaire, électorale, judiciaire, religieuse et po-

litique, ce contact d'épreuve nous indiquera faci
lement les changemens, les réformes, les suppres-
sions, les créations, les développemens et les
améliorations à faire et à introduire dans ces
cathégories diverses pour les mettre en harmonie
avec le principe constitutif de notre nouveau régime.

Ce principe de liberté appartient à tous. C'est
pour ainsi dire, un fonds social et politique mis
en commun, et partagé en autant de dividendes
qu'il existe de citoyens dans l'état. Une seule exclusion dans le partage anéantirait le principe.

Mais ce principe devant passer dans les choses
qui constituent l'organisation de l'état, il est de
toute nécessité qu'il opère par voie d'élection. Car,
si d'un côté tous ne peuvent être chefs, juges,
députés, administrateurs, agens, fonctionnaires,
nul aussi ne peut être dépouillé du droit de con-
courir à la formation de ces magistratures, en usant
de sa part individuelle de liberté publique.

Entre ce principe de liberté et l'élection, il
existe donc une adhérence constitutive, si essen-
tielle, qu'on ne saurait les désunir sans faire
crouler l'édifice dont ils sont à la fois la base, la
condition et la force.

Par une conséquence non moins irrésistible
l'*élection* entraîne avec elle la *révocabilité*.

En effet, sous l'empire de notre liberté publique, l'élection est unanimement reconnue pour

un droit *souverain* et par là même *inaliénable*. Par son essence, elle proscrit *l'irrévocabilité* sous quelque forme qu'elle se présente, à quelque dignité qu'elle s'applique. A cet égard, une génération n'a pas plus le droit d'enchaîner les générations qui la suivent, que n'en aurait une assemblée électorale, de pourvoir d'avance aux nominations de plusieurs législatures à venir.

Élection, Révocabilité, tels sont donc les seuls et vrais principes d'action politique et administrative qu'on puisse légitimement admettre dans notre nouveau régime constitutionnel, et hors desquels on ne trouverait plus qu'usurpation de droits, qu'insuffisance de titres.

Élection pour conférer le pouvoir, *révocabilité* pour le reprendre : c'est sous ce double niveau souverain qui domine tout l'état, que vont se classer d'elles-mêmes, à nos yeux, les grandes magistratures et les institutions du royaume.

Législature.

La chambre des députés, sans toucher ici à la question des pouvoirs extraordinaires qu'elle a excercés, est à la fois élective et révocable. Elle se trouve donc placée, sous ce double rapport, dans la mouvance des vrais principes ; elle est légitime.

En outre de ses nominations par ordonnance , la chambre des pairs se présente comme doublement irrévocable par la possession viagère et la successibilité héréditaire ; je laisse la chambre des pairs en face du principe.

Ordre administratif.

Par le mode encore subsistant de nomination royale et ministérielle , depuis les préfectures jusques aux mairies et aux conseils municipaux , l'administration se trouve sous l'empire de la révocabilité ; elle attend l'élection.

Ordre judiciaire.

La magistrature réclame l'une et l'autre.

Qu'oppose-t-on à l'application de ce double principe? Des considérations morales , des convenances de position. Sur ce terrain-là même, peut-être ne serait-il pas impossible de répondre avec avantage. Mais ici, on n'argumente pas, on expose.

Je demanderai seulement , quel est de tous les tribunaux du royaume le plus laborieux, le plus actif, celui, qui, dans l'estime publique, se montre au niveau de tout ce que notre organisation judiciaire a de plus honorable? Si le tribunal de commerce de Paris mérite cet éloge que l'on pourrait étendre à beaucoup d'autres de la même juridiction, on peut donc s'en rendre digne sous le régime de l'élection et de la révocabilité.

Garde nationale.

Sauf quelques améliorations, très-faciles à faire, l'organisation de la garde nationale satisfait honorablement à toutes les exigences du principe constitutif de liberté publique. Aussi, de toutes nos institutions est-elle, constitutionnellement, la mieux fondée.

Armée.

Le code militaire pourvoit à la révocabilité, en ce qui touche les chefs.

Quant à l'élection, n'en trouve-t-on pas quelque chose, pour ce qui regarde le fond de l'armée? Ici, l'âge fait les candidats, et le tirage, les élus. Je le dis dans toute la gravité du langage constitutionnel : le service militaire n'est un métier, que sous le rapport de la fatigue. Sous celui des intérêts qu'il défend, et de la gloire qu'il procure, c'est le plus noble des états. Y être appelé, est donc un avantage social. Pour tout jeune Français, la conscription, n'est pas moins un droit qu'un devoir.

Mais, en ce qui regarde la promotion aux grades de compagnie, il faudra bien que l'élection s'y fasse jour; d'abord, comme une conséquence du principe souverain, et de plus, par l'heureuse imitation de ce qui se pratique dans la garde nationale. A Lyon, elle vient d'élire son commandant. Cet exemple aura des imitateurs.

Corps électoraux.]

Sous un pareil titre l'on devrait s'attendre à voir le triomphe du principe d'élection. Il en est tout autrement. A la base, ce principe est nul; dans les plans supérieurs, il est défectueux, il est incomplet.

Sous les inspirations du génie de la fiscalité, on a imaginé de peser au poids de l'or la capacité électorale de chaque citoyen. Votre quittance d'imposition, voilà votre certificat de civisme, et l'unique *criterium* de votre valeur politique dans l'état !

Encore, si l'on avait fait une séparation tranchante entre ceux qui ne paient rien et ceux qui paient quelque chose, il n'y aurait au moins là que de l'injustice. Mais non, la ségrégation anti-civique a lieu entre ceux qui paient moins et ceux qui paient d'avantage. Il s'en suit, que d'un centime, d'un seul centime ! dépend l'exercice ou la privation du premier, du plus imprescriptible des droits politiques, de celui sans lequel un homme peut bien dire, *mon pays*, par ce que il y sera né par hasard, comme le chou de son jardin, ou l'âne de son étable, mais ne saurait jamais dire, *ma patrie*, de laquelle, politiquement et moralement, il se voit proscrit et exilé, par une combinaison à faire frémir la raison la moins exigeante. Elle est par elle-même si stupide, que lorsqu'on en demande les motifs à l'arbitraire à qui elle sert d'abri, il ne sait que dire; c'est qu'en effet il n'a rien à répondre.

Abaisser le cens électoral, n'est qu'un palliatif qui laisse dans les mains du plus petit nombre, les moyens de dépouiller le plus grand d'un droit d'où découlent tous les autres droits ; d'un droit si substantiellement souverain, que la loi civile ne saurait pas plus le fonder que le détruire ; car le droit électoral ou de suffrage est rationnellement antérieur à la loi, comme la cause est antérieure à son effet; il en est le principe et non la conséquence; d'où il suit rigoureusement, qu'à son égard, toute la capacité constitutionnelle de la loi civile se borne à déclarer son existence, à protéger son exercice.

Ma contribution ne s'élève-t-elle qu'à 299 fr. 99 c., je ne suis qu'un ilote, un serf, un *homme de poest*. Mon voisin qui n'est qu'un imbécille, presque digne d'interdiction, arrive-t-il avec un centime de plus, c'est-à-dire, avec une valeur monétaire si ténue, que le balancier numismatique se refuse à en frapper le signe ; voilà mon voisin l'imbécille, par la vertu magique de la cinquième partie d'un sou, devenu citoyen actif, électeur ; le voilà proclamé chevalier du scrutin, le voilà enfin investi de la faculté souveraine de jeter dans l'urne un vote d'où dépendra telle majorité, dont l'influence ira peut-être bouleverser l'empire !

Un jury sort de fonctions ; une compagnie de *bourgeois* descend la garde. Tous ont également quitté leurs affaires, abandonné le soin de leurs intérêts pour ceux du public. Avec même zèle, même fatigue, même dépense, ils ont tous rempli leur devoir de bons patriotes, les uns en portant aide à la justice, les autres en gardant la cité. D'aventure, c'est un jour d'élections. Ils sont en tout 80. Ils se présentent à leurs colléges, frappent à la porte ; elle s'ouvre pour 8, elle se referme pour 72..... 8 électeurs, sur 80 citoyens !!! Le sens commun, le sens de l'équité, la pudeur sociale, se soulevent de concert contre de pareils résultats ; c'est au législateur à en faire prompte justice. Le principe de liberté publique veut donc la suppression du cens électoral.

Quant au cens d'éligibilité, dont la sanglante Belgique vient de faire justice chez elle, aux applaudissemens universels, il tombe au simple

souffle de la raison. Insister là-dessus serait s'a-
charner sur l'évidence.

Publication de la pensée.

La même évidence frappe avec encore plus de
clarté contre les entraves que l'on voudrait mettre
à cette communication intellectuelle.

La reconnaissance du principe n'est plus qu'une
mystification indécente, si on l'étouffe, soit dans
son germe par des mesures préventives, soit dans
ses développemens par des formalités vexatoires.

De là ces corollaires indéclinables :

1° Faire rentrer dans le droit commun des
opérations de commerce et d'industrie, la libre disposition des instrumens sans lesquels la manifestation écrite de la pensée ne saurait avoir lieu;

2° Assimiler à toutes les autres entreprises ma-
nufacturières, celles qui ont pour objet l'emploi
des instrumens et des machines nécessaires à la
publication de la pensée;

Ainsi, établir des presses d'imprimerie, typo-
graphier des manuscrits, reproduire des textes,
éditer des journaux, ne saurait être ni plus entra-
vé, ni plus défendu que d'avoir chez soit un bureau, une écritoire, du papier et des plumes.

Pour fabriquer des livres, comme pour fabriquer

des bas et des chapeaux, les conditions légales sont les mêmes : *domicile et patente.*

Vendre des épices ou du papier noirci, c'est tout un. S'il y a fraude, altération dangereuse, poison, la loi est là, qui saisit le falsificateur et punit le coupable. En deça, en delà, ce n'est plus que de l'arbitraire ou de l'insignifiance.

Religion.

Il n'est pas plus admissible, cet arbitraire, il serait plus monstrueux, dans ce qui touche à la question religieuse, parce qu'arrivé là, le principe de liberté s'exerce sur des actes d'un ordre supérieur, quoique émanés d'une source commune.

En effet, on trouve ici, comme dans la manifestation des opinions et des idées, un même mélange de matière et d'intellectualité. La religion, c'est la pensée; le culte, voilà l'instrument; les prêtres en sont les ouvriers, et les églises les laboratoires. Le principe de liberté, qui s'assied à la porte des imprimeries, veille aussi sur le seuil des temples. Il en repousserait constitutionnellement la loi elle-même, si elle voulait le franchir pour s'immiscer dans les choses du culte. A cet égard l'enceinte des temples est murée pour elle. Mais, de l'autre tranchant de son glaive, le même principe refoulerait la religion au fond du sanctuaire, si, sous une bannière quelconque, elle tentait, hors les sacrés parvis, une excursion sur la place publique, et si du for de la conscience, qui est son domaine, elle prétendait intervenir dans les intérêts matériels placés sous la protection de la loi civile.

Ainsi donc; protection égale pour tous, nul privilège pour personne : tels sont les deux pivots identiques sur lesquels repose le dogme de liberté publique, en ce qui concerne, dans la question religieuse, les devoirs du gouvernement et les droits du peuple.

Corps enseignans.

Ce principe de la liberté constitutive, qui, au fond, n'est autre chose que la justice rationnellement appliquée aux besoins de l'état et au bien-être des citoyens, ne saurait s'opposer sans doute à l'érection et au maintien des écoles spéciales que réclament les hautes études de chirurgie, de pharmacie, de médecine et de droit. Les motifs en sont trop plausibles pour être obligé de les déduire ici.

Mais, hors de ces spécialités dans lesquelles les élèves doivent trouver leurs moyens d'étude, et le public, ses garanties; l'instruction, c'est-à-dire, la pensée communiquée par voie d'enseignement, doit être et demeurer libre, comme cette pensée.

Rien ne saurait obscurcir cette vérité, elle est de principe : elle doit donc, sous un régime de liberté, se résoudre, sans retard comme sans réserve, en un fait positif et pratique de gouvernement.

Associations.

Même application franche et réelle du principe constitutif aux associations civiles. Par leur racine et par leur objet, elles viennent se rattacher à la liberté même des opinions, puisqu'ainsi que la presse et le culte, elles constituent un mode particulier de publication de la pensée.

Rien de préventif, rien de spécialement obligatoire ne doit y trouver place. L'unité, qui, ajoutée au nombre *dix-neuf*, transforme tout-à-coup une réunion permise en un conciliabule défendu, et *dix-neuf* citoyens paisibles, en *vingt* perturbateurs, n'est pas moins anti-rationnelle que le centime fécondateur des capacités électorales.

Si des abus résultent d'une association quelconque, que la loi les atteigne au for extérieur, là commence son empire, là seulement son action devient légitime ; car, alors elle est l'expression même du principe de liberté, elle s'en appro-prie la justice, elle attire à elle toute sa force.

Créer, à cet égard, la plus petite exception, ce n'est plus faire du pouvoir, c'est faire de la police.

C'est mal servir l'état, en le livrant aux chances désordonnées de l'arbitraire.

Industries.

Peste des sociétés , source impure d'où sortent presque toujours les désordres et les bouleversemens publics, l'arbitraire doit surtout être tenu au loin de ce qui intéresse l'industrie et ses développemens. Que, sous la forme du privilége, il ne s'introduise jamais dans les chantiers du travail, le laboratoire des arts, les ateliers de la fabrication, qu'il respecte enfin toutes les positions et les existences sociales qui concourent au mouvement de la production !

Point d'entrave, point de restriction à l'exercice des professions quelconques. Le principe de liberté publique ne le permet pas.

A côté du palais du riche , le pauvre, sur son terrain , a bien le droit d'élever sa chaumière. Pourquoi l'ouvrier, l'artisan, le coiffeur, le boucher, l'étalagiste, le petit marchand n'auraient-ils pas, à leur tour, le droit d'exercer leur industrie à côté d'une plus grande? Pourquoi toute culture ne me serait-elle pas permise dans mon champ ? Pourquoi, lorsque je me présente avec des moyens d'exécution , reconnus suffisans pour jeter un pont, creuser un canal, exploiter une mine, viendrait-on paralyser ma main, par le réglement d'un directeur, l'ordonnance d'un ministre ou même par une loi?

Tout cet échafaudage restrictif peut convenir à la rigueur, à un gouvernement à systèmes. Il s'écroule devant un gouvernement soumis, sous peine de mort, à l'action des principes.

Par cet essai du principe de liberté constitutive sur les principales branches de notre organisation intérieure, on peut prévoir les modifications que doit recevoir notre état social et politique.

Pour soumettre ces modifications inévitables aux prévisions faciles d'un esprit juste, il suffit, par hypothèse, de regarder comme un fait accompli les novations suivantes, dont aucune force humaine ne paraît capable d'empêcher la réalisation plus ou moins prochaine :

1° L'abolition de la pairie héréditaire;

2° Celle de la septennalité dans la chambre des députés.

3° Le principe et le mode d'élection étendus à toutes les places administratives, ainsi qu'aux fonctions judiciaires.

4° L'introduction du même principe dans les promotions de l'armée, pour les grades de compagnie, à l'instar de ce qui se pratique dans la garde nationale.

5° La suppression du cens électoral et du cens

d'éligibilité, par suite de l'extension constitutionnelle de cette double capacité politique, à tous
les citoyens français jouissant de leurs droits ci-
vils.

6° La liberté indéfinie de la presse, tant pour la
publication des livres et des journaux, que pour
ce qui concerne les moyens d'art et de commerce
nécessaires à cette publication. D'où suit, nécessairement, la suppression des brevets d'impri-
meur et de libraire, ainsi que celle du cautionne-
ment et du timbre des journaux.

7° La liberté religieuse pleine et entière, sans
distinction de cultes, et partant, la démarcation
bien nette, et bien positive, entre le sacerdoce
préposé, dans le temple, aux rapports de l'homme
avec Dieu, et l'autorité civile, chargée, hors du
temple, des rapports du citoyen avec la loi.

8° L'abolition du privilége et du monopole
universitaires, et par conséquent la faculté de
l'instruction, d'après la volonté des parens, soit
dans les institutions particulières, soit dans les
familles ; sans exigence d'aucun examen, de bre-
vet, de diplôme, de contribution pécuniaire, sauf
le maintien de l'enseignement spécial dans les fa-
cultés de droit, de médecine, etc.

9° La Liberté d'association pour tout les objets
qui rentrent dans le soin des jouissances ou des
intérêts collectifs parmi les citoyens, quelle qu'en
soit la nature ; d'où découle la faculté légitime de

tenir des clubs, de former des académies, d'ou-
vrir des théâtres, etc., etc.; d'où suit encore nécessairement la suppression corrélative de toutes
restrictions, priviléges, concessions et monopoles
à ce contraires.

10° Enfin, la suppression des mêmes entraves
pour toutes les entreprises, soit individuelles, soit
collectives, en agriculture, commerce, banque,
mécaniques, travaux d'art, ponts, canaux, mi-
nes, etc., etc., dont l'exploitation doit rentrer
dans le droit commun.

Si l'évidence ne trompe pas, si la raison n'a pas
tort, voilà, je crois, dans sa nature et dans ses
conséquences rationnelles, le principe politique
qui a fait la révolution de juillet, ou, si l'on veut,
le principe tel qu'il est sorti de cette même révolution, comme l'expression et le besoin des intérêts publics, lesquels n'ayant plus d'appui dans
ce qui venait de tomber, ont dû en chercher un
dans ce qui se présentait pour en prendre la place.

Par la déduction logique de ces circonstances
de la révolution, nous avons indiqué prévision-
nellement ce qu'allait devenir chacune de nos
magistratures et de nos institutions publiques.

De leur refonte constitutionnelle vont sortir
une foule de ramifications qui, s'appliquant à tous

les détails, mettront en jeu jusqu'aux plus petits élémens de la société française. Extension de droits politiques, mutations dans les pouvoirs, déclassement d'hiérarchies, interversion dans les supériorités, déplacement d'influences, jeu plus large des intérêts, émulations plus vives, plus nombreuses; enfin, nouvel ordre d'impressions et d'idées dans les relations sociales d'homme à homme, et dans les relations politiques de peuple à gouvernement: tels sont les résultats infaillibles que notre organisation intérieure aura à subir sous l'empire du principe constitutif de la liberté publique.

Ce n'est donc pas d'une simple restauration qu'il s'agit ici, mais d'une création véritable, et d'autant plus difficile, qu'au lieu d'agir sur une matière inerte et passive, il faut attaquer tout ce qu'il y a de plus rebelle et de moins maniable dans les passions humaines, *l'intérêt* et la *vanité*.

Soyons francs, mais soyons avisés, si nous ne voulons pas faire des dupes ou l'être nous-mêmes, en nous dissimulant les obstacles dont se trouve entourée cette œuvre de renovation constitutionnelle. Pour assurer son succès, il faut que, dans une lutte d'autant plus rude qu'elle doit être courte pour ne pas devenir insoutenable, il faut qu'elle triomphe des préjugés de l'orgueil, des soulèvemens de l'amour-propre, des manœuvres de l'intrigue, des insinuations de l'hypocrisie, des habitudes de la domination, des encroûtemens de la routine, des perfidies de l'égoïsme, et nous ajouterons, des répugnances même de la bonne foi.

Il faut en convenir, les difficultés et les périls dont se montre hérissée notre reconstruction politique et sociale, sont telles que, pour ne pas reculer à leur aspect, il ne suffit pas de la capacité qui les comprend, si l'on n'y joint encore le courage qui les affronte, et le dévouement qui s'y abandonne. Or, dévouement, énergie, capacité, ne sont pas en ce bas monde des vertus de rigueur pour tous les gens de bien ; leur absence n'exclut pas la probité politique. Elles sont en telle minorité parmi les hommes, qu'il faudrait renoncer à toute œuvre qui réclame leur emploi, si l'on ne regardait qu'à leur consistance numérique, sans tenir compte de l'heureuse et sainte contagion qu'elles répandent autour d'elles.

Pour éviter toute erreur et tout mécompte dans l'appréciation des résistances, il faut se placer à une distance égale, de la misanthropie qui exagère les vices de l'état social, et de la bonhommie philosophique qui croit trop à ses vertus. Il est une règle qui trompe rarement, c'est celle de l'intérêt personnel. Sain ou corrompu, vicieux ou sage, l'homme compte toujours avec lui-même, et cela jusque dans les sacrifices généreux qu'il s'impose. Tenons donc pour certain que notre création

de liberté constitutionnelle aura pour contradic-
teurs tous ceux dont elle tend à circonscrire l'influence, à diminuer le pouvoir, à limiter l'ambition, à affecter le bien-être, et à restreindre
l'existence, soit individuelle, soit collective; car,
la maxime embrasse tout dans sa généralité, les
personnes comme les corporations, les rangs
comme les individus, les populations entières
comme les professions isolées.

De ce point incontestable d'évaluation prévi-
sionnelle, reportons maintenant nos regards sur
chacune des catégories et des institutions que
nous avons signalées.

La Pairie. — Forcée de redevenir sénat ou
conseil des anciens, sous le double joug de l'*élection* et de la *révocabilité*, la chambre des Pairs va
perdre ses dignités, ses majorats, ses priviléges;
jusqu'à son titre.

Autour des quatre-cents têtes dont elle se com-
pose, se groupent autant de familles puissantes
en moyens d'influence ou de fortune. Pour elles,
ainsi que pour leur descendance, se ferment dans
l'avenir les voies et la possession de la plus noble,
de la plus imposante de nos magistratures, puisqu'elle se trouve immédiatement placée au-dessous
de celle qui occupe le trône. La logique des intérêts en main, et sauf des exceptions honorables, on
prévoit quels appuis peut espérer de trouver dans

la chambre des Pairs cette application du principe constitutif de notre liberté.

Chambre des Députés. — Produite par l'*élection* soumise à la *révocabilité*, la chambre des députés n'a rien à craindre de lui, pour son existence collective ; mais la majorité de ses membres verrait-elle, sans quelques alarmes, les chances d'une réelection, ainsi que la suppression du double cens, inhérente à l'exercice de la liberté constitutive, comme la conséquence l'est à son principe ?

La clientelle de famille et de relations n'est pas ici moins étendue ; peut-être même par l'avantage aujourd'hui bien marqué de l'aristocratie commerciale et financière, sur les simples notabilités de rang et de blason, l'influence des députés va-t-elle plus loin que celle des Pairs.

Tribunaux. — Quoique n'étant plus, sous le rapport politique, qu'une ombre des anciens parlemens, l'ordre judiciaire en France ne laisse pas que d'agir sur l'opinion publique.

Mais en se renfermant dans le chiffre du nombre des magistrats, n'est-ce donc rien que trois mille familles environ vivant du palais, et qui, ne fût-ce que par instinct de conservation, doivent se montrer peu favorables à des changemens qui ne seraient point sans danger pour leur fortune ?

Armée ; Garde nationale. — La garde nationale et l'armée, produits nécessaires de l'organisation de l'État, sous quelque régime qu'on le place, échappent par là même à notre évaluation ; toutefois, la disposition constitutionnelle qui soumettrait à la forme élective la promotion aux grades de compagnie, dans les régimens, rallierait autour du principe toutes les baïonnettes, sauf quelques épées.

Colléges électoraux. — Il n'en serait pas de même pour les corps électoraux, c'est-à-dire, pour les élémens dont ils se composent sous le régime actuel.

D'après cette échelle de mérite pécuniaire que l'on a posée au pied du système électoral, pour faciliter aux médiocrités privilégiées la prise d'assaut des dignités et des emplois lucratifs de l'État, il s'est introduit dans les têtes d'étranges prétentions de vanité bourgeoise. L'homme aux *cent écus*, dédaigné (sauf peut-être aux approches d'une élection) par le haut contribuable à *mille francs* et plus, se tient fier, à son tour, vis-à-vis de tout ce qui rampe au-dessous de son tarif électoral. Les 50 fr. de rabais proposé ont déjà fait scandale dans plus d'une boutique. Les modestes *deux cent cinquante francs* ne seraient que des parvenus aux yeux de certaines vétérances du scrutin.

Corps enseignans.—En rompant les rangs universitaires, la liberté de l'enseignement s'empressera elle-même d'en recueillir les précieux débris. Mais les hommes qui ne sont là que proviseurs, conseillers, économes, chefs de bureau, échappant avec moins de bonheur à la chute du corps, n'en conserveront-ils pas l'esprit, peu compatible, comme on sait, avec l'esprit d'indépendance constitutionnelle que consacre le nouveau principe?

Église. — Ses conséquences inévitables pour la séparation de l'État et de l'Église seront, à coup sûr, bien accueillies par la majorité du clergé français, plus porté qu'on ne le croit généralement, en faveur d'un régime qui, sauf la différence des objets, offre plus d'une analogie avec la législation évangélique. Cependant, l'on ne saurait, sans témérité, répondre de l'unanimité de pareilles dispositions chez nos gens d'église, à quelque communion qu'ils appartiennent.

Écrivains; gens de lettres. —Certes, si tous les écrivains en formaient une dans l'ordre intellectuel, ce n'est pas chez eux que l'on devrait trouver des résistances collectives à la consécration du principe de liberté publique, d'où découle nécessairement la liberté indéfinie de la presse. Mais on écrit dans tous les rangs de la société, et tel homme qui battra des mains à une législation favorable à la vente de ses ouvrages et à l'expansion de sa renommée, se raidira pourtant contre cette même législation par esprit de corps, par amour du privilége, par d'autres intérêts de position, par des caprices d'opinion et de système. Si l'on rassemblait tous les volumes que l'on a pris la liberté d'écrire contre *la liberté d'écrire*, on formerait, certes, une vaste bibliothèque. Derrière ces inconséquences, qui ne sont pas rares, on peut s'attendre à rencontrer des oppositions à l'établissement du régime de la liberté publique.

Banque; Commerce; Capitaux. — Mais en abordant sur les riches parages du commerce et de la finance, on va se trouver, sans doute, dans un pays ami ; là, tout doit être voué au culte des franchises constitutionnelles, essentiellement favorables à l'industrie et à la production, sans lesquelles la banque, les capitaux et le commerce, mourraient sur eux-mêmes, faute de matière et d'emploi? Eh bien! non.... Il en va tout autrement.

Si le privilége, le patronage intéressé, le régime des exclusions, règnent quelque part, c'est surtout dans les tribus financières et commerciales, dans la caste dorée des gens à coffre-fort et à gros portefeuilles. On dirait que descendue des donjons, une féodalité bâtarde, plus ignoble, mais non moins oppressive, a pris domicile dans nos comptoirs. Elle a aussi ses seigneurs, ses grands et petits vassaux, ses serfs, sa glèbe et sa corvée. Par elle, dans les rangs moyens, tout est tenu à fief, et tous sont compris dans la mouvance des suzerains à capitaux qui règnent au sommet. C'est sous leur bon plaisir que travaillent les fortunes inféodées; elles ne sauraient agir qu'aux conditions onéreuses qu'on leur impose.

Il est de fait et de fait constant qu'aujourd'hui, en France, tout capital d'industrie ou de commerce qui ne dépasse pas deux cent mille francs, est un fonds de main-morte pour son propriétaire, par l'impossibilité où il est de l'employer librement par lui-même à une entreprise de quelque produit.

En effet, par la coalition des écus et des portefeuilles, des banquiers et des gros capitalistes, coalition qui repose bien moins sur des actes de société, que sur l'attraction qu'exercent naturellement entre elles les grandes fortunes, nulle exploitation à grands bénéfices ne saurait, en France, mais plus particulièrement à Paris, se dérober à la sphère de leur absorbante activité; de gré ou de force, il faut qu'elle y vienne. Pour l'y attirer, n'a-t-on pas des piéges, des grapins de toute espèce : avances de fonds, besoins d'escompte, appuis de crédit, coups de bourse, et surtout, rabais de prix, concurrence ruineuse?

Ainsi, esclaves ou tributaires de la suzeraineté

des coffres-forts, les capitaux moyens, sont obligés de s'enfouir, ou de ne rendre à leurs possesseurs que des bénéfices écourtés par les charges du patronage.

Tout ce qui se refuse à les subir est jeté en dehors du grand courant des affaires, et réduit à vivoter de profits obscurs, ou bien à courir les chances lépreuses de l'usure, au risque probable, de s'engloutir à fin de compte avec ses victimes, au profit des gens d'affaires et des huissiers, dans les cellules de Sainte-Pélagie, en traversant les bancs de la police correctionnelle.

Des hauteurs où réside le mal, jusqu'aux derniers plans où il se reproduit sous les traits de la misère, la féodalité pécuniaire descend d'étage en étage, parquant les classes, les isolant les unes des autres, par des démarcations de crédit vraiment meurtrières, pour les moyennes et les petites industries. De-là, dans le vocabulaire des Cambistes, ces distinctions de papier paré, doré sur tranche, de papier de ville, de boutique, de magasin, d'effets de comptoir, de valeurs de banque; de-là, l'exigence du timbre pour le petit commerce, sa dispense pour les premières maisons; de là, ce triage aristocratique de signatures admises ou refusées à la banque *dite* de France, quoique également solvables, quoiqu'également solides. Car, garantie, solvabilité, sont également acquises à toutes les industries indistinctement en les prenant dans leur classe collective. D'où il suit que ce n'est pas sur la classe elle-même, mais sur les individus qui la composent que devraient se porter les investigations relatives au crédit, puisque, s'il survient des banqueroutes, par exemple, dans la passementerie et la mercerie; la draperie, et le *blanc*, n'en éprouvent pas moins, et que nous ne voyons pas qu'en frappant quelque petit négoce de bas étage, elles épargnent beaucoup les sommités de la banque, de l'industrie et du commerce.

Or, qu'advient-il de cette distinction, non moins anti-constitutionnelle qu'anti-sociale de grande, petite, moyenne industrie; de haut et bas commerce, de gros et de détail? C'est qu'au lieu d'un vaste et large courant où, mêlés ensemble, ettous également favorisés par des établissemens communs d'échange et d'escompte, les crédits divers se fortifieraient les uns par les autres, au profit de la prospérité générale et particulière; ce sont autant de petits canaux, étroits, tortueux, mal alimentés, qui se croisent, se coupent, se nuisent, et laissent voir à côté de leur lit desséché, au milieu du malaise public, le scandale de quelques fortunes personnelles. Car, il est bon d'observer qu'ici, comme en général, dans toute espèce de tyrannie, c'est le petit nombre qui opprime le plus grand. La chose est plus qu'évidente si l'on compte par têtes, mais elle paraîtra bien plus révoltante encore si

l'on compte par capitaux, ceux des classes secon-
daires, formant une masse dix fois plus considé-
rable, que celle des maisons seigneuriales de la
banque et du commerce.

En temps ordinaire, cet état d'oppression et de
souffrance se dérobe aux regards superficiels sous
les dehors prestigieux de la capitale du royaume,
et de quelques-unes des capitales de département.
Mais qu'il survienne une crise, ne fût-elle que de
quelques jours, alors la plaie se découvre dans
toute son affligeante nudité. On croit la guérir
avec quelques millions, on la pallie à peine ; ou
plutôt on court risque de l'agrandir et de la ren-
cre incurable ; l'expérience et la raison étant
d'accord, sur ce point, que toute maison de commerce, secourue par le gouvernement, ce qui veut
dire avec publicité, est, par là même, une maison
perdue. Rien n'est en effet mortel pour le crédit,
comme un pareil subside. C'est par trop se four-
voyer en pareille matière, que de prendre la crise
pour la cause du mal, dont elle n'est que l'indice.
Sa véritable source, ainsi que nous venons de l'in-
diquer, gît toute entière dans la fausse direction
donnée aux petits capitaux, dans le servage oné-
reux où les retient la triple ligue des sommités
de la banque, du commerce et des gros portefeuilles.

Ajoutons-y encore l'agiotage en grand de la bourse
de Paris, espèce de pompe aspirante et refoulante,

dont le piston , placé sous la main de spéculateurs puissans , peut, à chacun de ses coups , engorger ou mettre à sec les canaux de la circulation, enrichir dix familles , en ruiner cent , improviser des fortunes , imposer des faillites , troubler enfin l'état depuis le petit rentier , qui vit du *trois pour cent*, jusqu'au trésor public lui-même dont les syndérèses ont toujours leur contre - coup politique.

Autour de ce cercle d'or et de fer, rôde sans cesse la contrainte par corps , débris ignoble et sauvage que la féodalité des écus s'est empressée de ramasser dans la fange sanglante de la féodalité des titres. Elle est là pour saisir au passage toutes les victimes de la tyrannie bursale et financière , qu'à coups de protêt et de condamnation , on élimine des enclaves du privilège , pour les immobiliser sous les verroux de la rue de la Clé.

Or, contre tout ce système d'oppression et de ruine , la loi réglementaire sera toujours impuissante. Il ne peut être renversé que par les influences progressives du principe de liberté publique, lorsque du sein des institutions nationales, il aura passé peu à peu dans les mœurs et dans les habitudes civiles.

Nul doute que, par l'effet de l'extension plus grande, de la diffusion plus individualisée des droits de cité, dans les rangs populaires il ne s'opère un rapprochement entre toutes les classes, les plus élevées se trouvant alors dans une sorte de dépendance morale des classes inférieures, dont il faudra nécessairement solliciter, disons mieux, mériter les suffrages. Ici, les développemens sont très perceptibles dans le principe. Nous les supprimons.

Quant à l'adoption pleine et entière du principe lui-même, on peut sans doute compter, dans l'avenir, sur la sympathie des masses de la population française. Mais dès à présent cette adoption constitutionnelle ne va-t-elle pas soulever de grandes résistances dans les classes à privilèges d'argent et de portefeuille? Si ce ne sont pas là les troupes les plus nombreuses, dans les rangs de l'opposition des intérêts, ce sont, à coup sûr, les plus opiniâtres, les plus difficiles à vaincre.

Reste maintenant à évaluer celles que l'opposition des partis politiques peut rassembler sous ses drapeaux. Ce n'est pas d'un mince avantage à la veille d'une bataille, que de connaître la force de son ennemi.

Les intérêts en général sont plus traitables que les opinions, par cela seul qu'ils sont moins honorables. Céder sa place, sacrifier son argent, est une générosité dont on vous tient compte. Abandonner ses principes, renier son opinion, a l'air d'une lâcheté, que rarement on vous pardonne. Ici donc, l'importance de la thèse se complique. Toute erreur, toute méprise, tout mécompte, dans l'appréciation des choses entraîneraient de fâcheux résultats.

Quels sont donc les partis politiques que le principe de liberté éclos des événemens de juillet doit compter pour opposans et pour ennemis? Et dans quel degré faut-il évaluer leur résistance respective ?

C'est ce qu'en traits rapides nous allons exposer sous l'impression consciencieuse de nos propres observations.

Parmi les partis politiques qui divisent aujourd'hui l'opinion en France, les uns sont en dehors, les autres sont en dedans de la dernière révolution.

Les premiers se réduisent à deux : le *buonapartisme* et le *carlisme* ; mot impropre assurément, car on prend Charles pour Henri, mais que nous adoptons néanmoins, puisqu'il est admis dans la circulation polémique.

Obligés de transporter leurs hommages, d'une ombre vaine à une réalité peu connue, et d'ailleurs fort suspecte par le sol qui la nourrit, les buonapartistes n'ont presque pas de prise sur l'opinion publique. On peut douter qu'ils ayent fort à applaudir à la mesure qui ouvre les théâtres aux élans de leur adoration posthume. Ce sont autant de soupiraux par où s'exhale en vapeurs inoffensives tout ce qu'un refoulement trop oppressif aurait pu faire fermenter d'inquiétant au fond des cœurs. L'autorité ne pouvait mieux s'y prendre pour licencier la mémoire politique de Buonaparte. C'est une sorte de déportation dans les limbes dramatiques où l'on s'accoutumera peu à peu à confondre son ombre avec celles d'Auguste, d'Alexandre, de Mahomet et de Cromwell. Ainsi, cousu dans le double linceul du théâtre et de l'histoire, le géant de Sainte-Hélène ne remuera plus contre le repos de la France.

Son parti, au reste, est de nature réfractaire ; il repousse tout amalgame. Il ne voudrait pas des carlistes par rivalité de prétentions ; les démocrates ne voudraient pas de lui par opposition de principes.

Le part buonapartiste n'est donc pas à craindre.

Celui des carlistes ne l'est guère plus.

A la vérité, ce n'est pas dans l'autre monde ; ce n'est pas dans des souvenirs anciens, dans des affections affaiblies par le temps qu'il est obligé de chercher les objets de son culte.

Mais ce culte a ses divisions, pour ne pas dire, ses dissidences.

Ici, comme partout ailleurs, il y a matière et intellectualité ; cœur et ventre.

Beaucoup de gens versent sur l'absence des Bourbons des larmes intéressées. Ce sont les *Oblats* de la liste civile ; clientelle nombreuse dans laquelle, chose assez piquante, les noms royalistes ne sont certainement pas en majorité. Quand le tableau en sera publié, l'on verra que pour s'asseoir au banquet éléémosynaire des Bourbons, la robe blanche de la fidélité n'était point de rigueur, si parfois même, elle ne devenait pas un signe d'exclusion. Dans cet amalgame de gens de toutes tribus, dont, peut-être une grande partie sollicite de PHILIPPE la continuation des secours de CHARLES et de LOUIS, on voit que l'opinion, à quelques exceptions près, n'a rien de commun avec les sentimens et les principes. Il ne saurait donc exister là de parti véritable.

Ce qui peut, et non sans quelque honneur, en mériter le nom, en offrir la réalité, ce sont les Français répandus en grand nombre dans tous les rangs de la société. Ces hommes qui, exempts de grâces royales, et purs de faveurs ministérielles, n'en sont pas moins imbus de cette idée, que le retour des Bourbons est indispensable au bonheur de la France.

Certes, dans une pareille disposition d'esprit, que peuvent d'ailleurs fortifier les affections les plus nobles et les plus vives, se trouve autant d'étoffe qu'il en faut pour constituer un dogme exclusif de parti politique.

Mais, ce dogme n'a rien d'hostile contre le gouvernement actuel; il est de nature rationnelle et purement spéculative.

La preuve en est dans ce que, malgré ses influences sur une quantité prodigieuse d'individus,
sur des populations entières , il n'a produit , sauf
un petit nombre d'exceptions locales, ni tumulte
parmi les masses, ni une seule émigration individuelle.

En voici la raison : si, d'un côté, les carlistes
considèrent l'absence des Bourbons comme un
obstacle aux prospérités de la France, de l'autre ,
ils sont encore non moins intimement convaincus
que leur retour n'est possible qu'autant qu'il serait
la conséquence des besoins et le résultat des vœux
du pays. Sous l'empire de cette double pensée, ils
ne feront autre chose que confier au cours natu-
rel des événemens les chances de triomphe pour
leur opinion favorite. En définitive, les carlistes
attendront leur roi, comme les juifs attendent le
messie, avec foi, mais sans action.

Ici donc, pour le gouvernement, point d'autre
crainte, point d'autre danger, que de ne pas comprendre lui-même cette position.

Celle où il se trouve vis-à-vis des autres partis
politiques placés en dedans de la révolution, peut
bien n'être pas aussi rassurante.

Au bruit des barricades, le vieux jacobinisme
est vite accouru ; il a cru qu'on l'appelait. Confus
de sa méprise, il a boudé d'abord ; puis il a essayé
de se faire craindre. Heureusement, pour cette
fois, palpitaient encore dans les cœurs populaires

les inspirations généreuses de juillet ; non moins heureusement, la garde nationale s'est trouvée là qui, prenant ses ordres d'elle-même, a balayé les rassemblemens par le beau déploiement de ses compagnies. Mais, malgré le même zèle, une seconde épreuve serait-elle sans danger ? Est-il bien sûr que le noyau de ces rassemblemens liberticides se soit entièrement brisé par leur dispersion au 18 octobre ? Le renouvellement de pareils tumultes serait d'autant plus fâcheux, que, prostituant à leurs desseins aveugles, des mots que l'opinion respecte, ces bandes marcheraient au désordre, aux cris de *vive la liberté ! vive la république !*

Dans un sens plus droit et plus honnête, ces ovations révèlent l'existence d'un autre parti ; celui des *démocrates.* Il vit de souvenirs ; il rêve des utopies ; il croit qu'une seconde édition de son œuvre, revue par la bonne foi et corrigée par l'expérience, pourrait résoudre, au profit de la France, le problème de la république. Mais, à cet égard, frappés, comme les carlistes, quoique dans un sens tout opposé, de l'espoir de trouver les événemens eux-mêmes complices de leurs vœux, ces hommes à principes, trop confians dans l'avenir pour en embarrasser la route, sont bien disposés à laisser le présent en repos.

Une pareille démocratie ne saurait donc être hostile au principe de la liberté constitutionnelle.

puisqu'elle n'aspire qu'à son plus prompt développement.

C'est précisément contre ce développement même et contre ses conséquences pratiques, que se roidit un autre parti, bien autrement difficile à réduire, à raison du talent distingué de ses chefs, des services qu'il prétend avoir rendus, et surtout de l'influence qu'il exerce sur les classes aisées, en calmant les alarmes de la propriété, en rassurant les ambitions satisfaites, en délivrant la paresse et la timidité de la fatigue du mouvement et du poids du courage.

A ces traits qui pourrait ne pas reconnaître le système des hommes de *la doctrine*?

De tous nos partis politiques, c'est le plus dangereux, et si, ce qu'à Dieu ne plaise, l'Etat était destiné à périr par des aberrations systématiques, il mourrait de la main des doctrinaires.

En possession de presque tous les grands emplois administratifs, en crédit dans les chambres parlementaires, accueilli dans les salons, serpentant dans plusieurs journaux, ayant laissé peut-être quelques fibres de sa racine dans le conseil du prince, le doctrinarisme se trouve en force dans les positions les plus importantes, pour s'opposer à la marche du principe constitutif et le ceindre encore de ses lisières. D'une nature équivoque, il est fort difficile à combattre, parce qu'il est presque impossible à saisir. S'il découvre avec sagacité la voie des principes, l'haleine lui manque bientôt pour la parcourir. A peine lancé, il revient sur ses pas, tout étonné de son propre mouvement. Debout, mais immobile, au pied des premiers corollaires, il s'y cramponne ; il les entoure de nuages pour se voiler à lui-même le chemin qu'il aurait à faire. Appui dangereux, quand il a l'air d'être avec vous ; d'humeur rancunière, quand il vous quitte, il vous embarrasse comme moyen, il peut vous perdre comme obstacle. Né de la corruption d'un bon principe, il n'est pas moins incapable de le renier avec franchise que de l'appliquer avec succès. Se trouve-t-il désappointé par des résultats que d'avance il n'a su ni prévoir ni comprendre ? il fuit devant la difficulté, sans la résoudre ; il se dérobe alors à sa propre impuissance, dans le vague de ses abstractions. N'ayant en soi rien de positif, rien de complet, vous ne lui voyez aux mains que des vérités fracturées, des moitiés, des quarts de vérité. Il les tourne non en maximes de conduite, mais en moyens d'intrigue. Subordonnant par calcul les principes aux intérêts, il connaît l'art de couvrir les uns de l'apparence des autres. Il fait en administration ce qu'on est convenu d'appeler ailleurs *jésuitisme* ; il fait pis encore, car, il y mêle du *jansénisme* politique : qu'espérer d'une telle *mixture* ?

Et, franchement, après avoir détourné au profit de leurs vues systématiques le principe de notre liberté constitutive, qu'en ont fait les doctrinaires? Ils en ont arrêté la sève, sous prétexte d'en adoucir les aspérités ; ils ont attiédi ses inspirations, neutralisé ses influences, compromis ses résultats.

Par ces molles allures, par cette souplesse étudiée, ce parti trouve de la sympathie chez les hommes irréfléchis, qui confondent l'absence du mouvement avec la stabilité, et pour qui tout progrès est un abus ; chez les hommes à existence faite, chez tous ceux qui sont *nantis*, et qui se rendent intérieurement assez de justice pour ne pas croire que leur mérite garantirait seul leur possession ; il en trouve parmi ces tribus nombreuses de gens méticuleux, qu'impressionne aujourd'hui trop fortement ce mot mal compromis de *révolution ;* il trouve, enfin, de la sympathie chez tous les hommes superficiels dont la force de tête ne va pas jusqu'à comprendre, qu'il y a infiniment moins de danger, parmi nous, à favoriser par une confiance généreuse les développemens d'un principe dont l'abdication est désormais impossible, qu'à lutter, sous le double reproche d'inconséquence et d'hypocrisie, contre ses dérivations inévitables.

Les autres partis politiques n'offrent, au fond, aucun danger réel pour l'état, puisqu'à l'exception d'un seul, qui n'aurait même pour lui que la force brutale, ils se résolvent tous en opinions et en espérances inoffensives. Pour le parti doctrinaire, c'est tout autre chose. Il y a chez lui assortiment de vues et de moyens. Il a son bagage tout prêt, non pour aller en avant, mais pour se maintenir, au profit de son ambition, dans les positions qu'il a conquises.

La possession du pouvoir ; voilà son but. Alors même qu'il paraît céder sa place, il la convoite. S'il la quitte momentanément, c'est qu'il croit que c'est le moyen le plus sûr de la reprendre et de la garder.

Qu'on y prenne garde, son triomphe serait mortel pour la France. Refoulé par lui dans des combinaisons d'égoïsme systématique, le principe de liberté constitutive ferait effort pour les rompre et s'en dégager ; peut-être alors appellerait-il une seconde fois la révolution à son secours, et qui peut calculer les résultats d'une nouvelle crise ?

Avant de terminer cet exposé, faut-il parler ici de je ne sais quelle combinaison sotte et mesquine qui, depuis deux ans s'est jetée en travers de nos débats parlementaires, comme une quantité négative, incapable par elle-même d'acquérir la consistance d'un parti et d'en mériter le titre ? Produit misérable des efforts de la médiocrité et des fatuités de l'importance, on peut la comparer à ces petites saletés qui se glissent dans les ressorts d'une montre et qui en détraquent le mouvement. Telle a été, malgré sa turbulence, son inanité collective, que jamais elle n'a pu dire comment elle s'appelait, faute de trouver dans la langue française un mot honnête qui voulût s'abaisser jusqu'à elle. Son nom, c'est-à-dire, celui que le public lui a infligé comme un châtiment, a quelque chose de pénible à tracer pour une plume française. Dans le commerce, il se traduirait par banqueroute, en amitié par trahison, à la guerre par lâcheté, en religion par apostasie. Depuis la disparition du pouvoir dont elle avait stupidement préparé la chûte, tout en se proclamant son appui, cette excroissance parlementaire n'a plus reparu. Quand ils ont enterré leur mort, les fossoyeurs se retirent, si ce n'est qu'ils s'arrêtent parfois à la porte des héritiers pour réclamer leur salaire.

Si jamais, ce peloton de voltigeurs délibérans, dont tout le métier consiste à sauter alternativement d'un bout à l'autre du balancier parlementaire, pour en rompre l'équilibre par le poids de sa nullité, allait se remontrer au sein des chambres; il y aurait symptôme infaillible de décomposition sociale; L'ÉTAT AURAIT VÉCU...

Dans ces lignes rapidement tracées sous la double impression du désintéressement et de la franchise, on peut aisément découvrir les conditions essentielles de son heureuse longévité. Veut-on connaître la source du bonheur des états et du maintien des gouvernemens, on n'a qu'à se reporter au principe qui les a fondés. Pour la France sous son nouveau régime, il suffit, à cet égard, de s'attacher au fait politique et constituant que nous avons vu sortir du milieu des barricades.

La liberté publique introduite comme principe et comme moyen dans la constitution de l'état ; voilà ce fait immense tel que nous l'avons signalé au commencement de cet écrit ; voilà la révolution, la voilà toute entière ; mais elle n'est que là ?

Maintenant, parlons sans détours. Est-ce bien dans sa vérité native, dans sa plénitude rationnelle que cette révolution de juillet nous est parvenue, en passant par les élaborations législatives et ministérielles des mois suivans ?

S'il n'en était pas tout-à-fait ainsi, faudrait-il, par des ménagemens de cotterie, par des alliances transitoires d'intérêt, par des attiédissemens d'opinion, des armistices de rivalités ; faudrait-il enfin par des concessions de principes, pallier le divorce organique qui se serait établi entre le fait et le droit, entre la théorie et la pratique ? Nous l'ignorons.

Mais ce que nous savons bien, ce que la France sait aussi bien que nous ; c'est que, sur la dixaine environ de gouvernemens, qui depuis 1789, ont traversé plus ou moins vite notre beau pays, aucun n'a péri pour s'être montré trop fidèle à garder le régime des principes : TOUS SONT MORTS D'INCONSÉQUENCE.

Nous laissons le ministère en présence de cette vérité qui parle plus haut que tous les discours.

S'il la comprend, s'il le prouve par ses actes; notre tâche est remplie : dans le cas contraire, nous reprendrons la plume.

www.ingramcontent.com/pod-product-compliance
Lightning Source LLC
Chambersburg PA
CBHW051730050726
47598CB00003B/1122